정액 위에 세워진 아파트

정액 위에
세워진 아파트

초판 1쇄 발행 2023년 7월 10일

지은이 최진락

펴낸이 임병천
펴낸곳 책나무출판사
출판신고 2004년 4월 22일 (제318-00034)

주소 서울시 영등포구 신길3동 325-70 3F
전화 02-338-1228 **팩스** 0505-866-8254
홈페이지 www.booktree.info

ⓒ 최진락 2023
ISBN 978-89-6339-697-2 03810

*이 책의 판권은 지은이와 책나무출판사에 있습니다.
*양측의 서면 동의 없는 무단 전재 및 복제를 금합니다.
*잘못된 책은 바꿔드립니다.

정액 위에 세워진 아파트
Apartment built on CUM

최진락 쓰다
Choi Jin Rock

책나무출판사

서문

나는 이 작품을 쓰려고 60에 가까운 인생을 살아 왔다.

단테가 쓴 「신곡」의 3행 1연의 형식으로 이 책을 쓰기 시작했다. 하지만 너무 고정된 형식에 자유분방한 내용을 가두려 하니 환갑에 가까운 인생이 큰 저항을 하였다. 특히 과거에 써 두었던 것들은 3행 1연이 아니다. 그래서 경직된 틀에 나를 묶지 말고 프리하게 가기로 했다.

점집과 찻집이 많은 제기동에서 태어나 청량리 588에서 도보 15분 정도인 전농동에서 50년을 넘게 살았다. 영세를 받았던 청량리 성당이 전에 588 근처에 있어서 어렸을 때부터 588이란 곳을 어렴풋이 인식했고 여자들이 몸 파는 곳이란 것도 대충 알았다. 집에서 가까운 곳에 이런 세계가 있다는 것이 엄청 놀라울 뿐이었다.

가난한 집안에서 태어나 부모와 동생을 부양하기 위해 무작정 상경하여 여기저기 다니다 결국 이곳까지 흘러 들어온 그녀들. 사람들은 그들을 짐승 같은 삶을 사는 어둠의 자식들이라고 말하지만 그들은 정화되어야 할 대상이라기보다는 우리와 같은 사람이고 또 우리의 이웃이다. 어쩌면 시대적, 사회적 희생양이 아닐까.

  588 재정비촉진계획으로 서울 최대의 집창촌인 이곳이 모두 철거되고 ―花無十日紅인가― 60층 이상의 초고층 주상복합으로 개발 중이다. 빈 방에서 오징어에 소주를 혼자 마시며 "몸은 망가져도 살기는 오히려 이곳이 더 편했다"는 그녀들의 "놀다 가세요", "쉬었다 가세요"란 말은 이제는 더 이상 들을 수 없다. 아 맘모스, 대왕다방, 오스카 동일 극장 그리고 늘 약속장소인 역 광장의 사각 시계탑…

  여기의 글들은 일기장, 메모, 노트, 사진, 책, 신문, 각종 자료 등을 참고, 인용, 집필하여 거의 시간 순으로 배열했다.

쓰인 때가 확실한 것은 밝혔고, 불확실하거나 최근에 쓴 것들은 밝히지 않았다. 옛날 글 중 고친 것도 있다. 나의 자서전적인 직간접의 체험과 허구, 상상의 산물들을 무수히 많은 '영자'의 난자와 수컷들에게서 생산된 무수히 많은 정자에게 바친다. 아, 死의 난자와 정자여!

내가 태어나 반백년 이상을 살았던 지역이 대한민국 교통의 허브로 대변신 중이다. 한마디로 상전벽해, 환골탈퇴, 천지개벽(?). 국내를 뛰어넘어 세계적인 명소가 되기를 바라는 마음으로 이 책을 썼다. 마누라는 없어도 장화 없이는 살 수 없는 동네가 얼마 전 물에 잠겼다. 必敗 必亡! 영자의 전성시대의 동네는 globalization 중이다. 不敗 必興! 오팔팔이여 영원하라! 영자여 부활하라! 사정해서 죽었던 모든 난자와 정자여 깨어나 발기하라!

나쁜 놈들, 못된 놈들, 사기꾼들, 똥파리들, 구더기들, 돈벌

레들, 실천은 안 하고 주둥아리만 놀리는 것들, 양아치, 쓰레기, 이기주의자, 흑백2分자, 황금만능주의자, 물질우선자, 모든 착취자, 분열주의자, 약속불이행자, 변덕쟁이들, 가부장심한 자, 남존여비자, 외모지상주의자, 선입견편견자, 고정관념심화자, 강박증환자, 중상모략꾼들, 거짓말쟁이, 지역감정조장자, 주정뱅이들, 낭비주의자, 불효자 불효녀, 각종 패륜놈들, 국민혈세탕진자, 온갖차별주의자, 이중다중인격자, 교만거만자, Devil갑질년놈들, 모든 거머리 독버섯들에게 구호 한번 크게 외치고 나의 태생 때로, 영자의 구녁 속으로 깊숙이 들어간다.

  니가 싼 똥 니가 치워!
  니가 쏜 물 니가 거둬!
  니가 한 말 니가 담어!
  야이, 아름다운 새끼들아!

목차

04 — 서문
12 — 판도라의 상자, 출생, 생일 / **13** — 1966, 2살 때, 소똥
14 — 찻집 女子, 비암, 냉수마찰 / **15** — 일기, 배꼽
16 — 1979, 노팬티 중년 지보, '80's 初 / **17** — 初中高
18 — 건강기록부 / **19** — 국민교육헌장
20 — 화양리 죽순이, 너 그리고 나 / **21** — 밤의 이야기
22 — 깡패高 교·급훈 / **23** — 통일을 염원하며, 6·10
24 — 明洞聖堂 / **25** — 병력차출, 走狗, 양심선언
26 — 백담사 파견, ⓓⓙ / **28** — 新農夫歌 / **29** — 雨中의 酒
30 — 작은새, 꽃병 / **31** — 솔직히 말해서 나는 / **33** — YK 좆빤년
34 — ?, 품성 / **35** — 전자오락,「양키말을 쓰는
36 — 사람이 모여 도시가 되고, 오! 민중이여
39 — 아무도 없는 빈집,「허무의 江」건너「민족의 바다」로
41 — 神, 복협~仲介士, 할매집
42 — 조국에 대한 맹세, 92 다이어리 제일 뒷면
43 — 足下 / **44** — 있다면… / **45** — 588-1, 588-2, 사랑방 주인장

46 — 고슴도치가 된 원숭이, 영화 '얼굴도둑'을 보고

47 — 2012.7.12. 木 / **48** — Hidden Angel, 진정한 영원한 고객

49 — 사기꾼, 마귀들, 나의 기도 / **50** — 33원의 행복, 테마별 아파트

51 — 국개의원, 정치인들을 부동산 중개업 고객에 빗대어

52 — 개튜브, 주님 감사, 大作

53 — 이 세상에서 가장 존경하는, 공화국 공화국

56 — PIMP / **57** — 악마의 편의점

58 — 좆량리, 그 많던 영자는 다 어디로 사라졌을까

59 — 정액 위에 아파트, 死행시 / **60** — 척하지 마라

61 — 'ㄱ'→'ㄴ', 우리는 파리와 무엇이 똑같은가

63 — 세상에서 제일 빨리 죽는 방법 / **64** — 행복

65 — 도서관아 미안하다, 내가 태어나서 가장 잘하고 잘되고 감사한 것들

66 — 나의 쓰레기 aphorism

69 — 누구나 실천할 수 있는 잘 먹고 잘 살고 부자 되는 법

77 — 날마다 행복

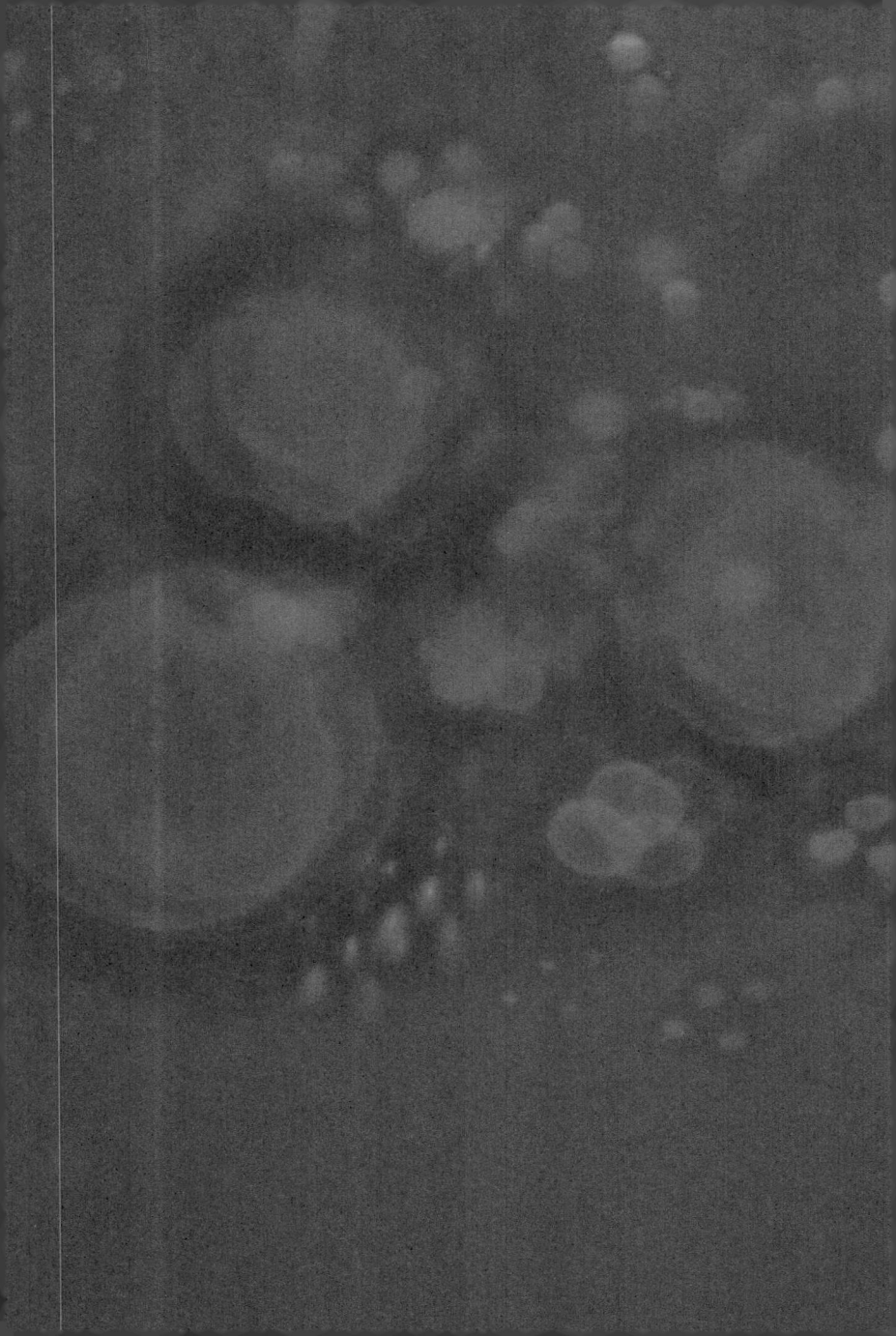

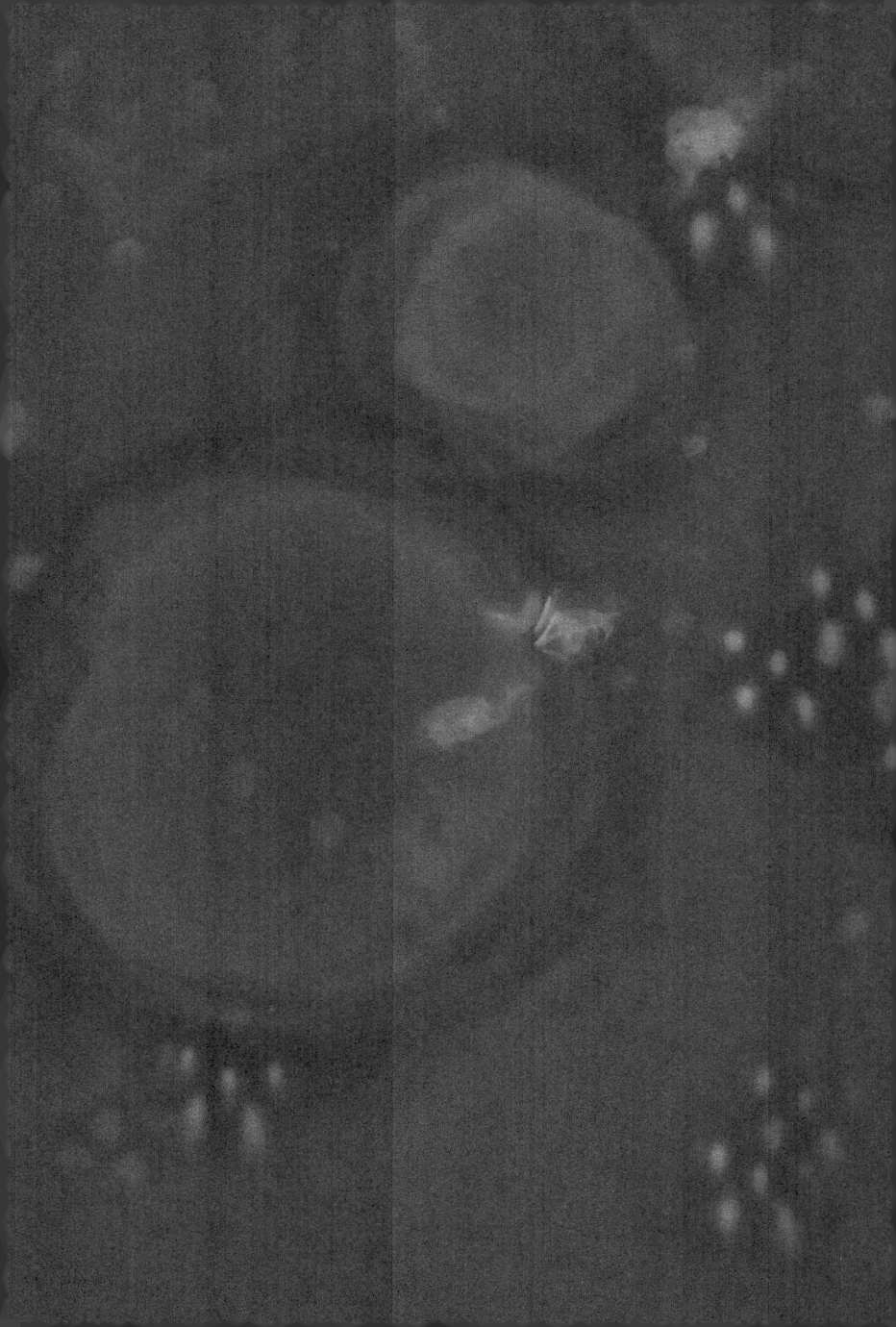

판도라의 상자

판도라의 파란 보따리가 풀리고 있다
나의 시작부터 현재까지가 있는
내가 너의 머리와 가슴에 영원히 박힌다

출생

깡통시장 女商 옆 내 귀 빠진 숭모집
병원 의사 아닌 산파 망구의 손에
날 꺼내랴 냉수를 덥히랴 모두들 분주하다

생일

범죄 신고는 119 내 생일은 911
911 테러가 아니다 양력 텐투투다
음력 양력 쉽게 기억돼 평범한가

1966
귀빠진 그해 모택동 문화혁명 종로주먹 긴또깡 오물 투척
나이팅게일 최초 派獨 무구정광대다라니경 발견
인구 2763만 인당 소득 120불 꿈같은 그해

2살 때
지상 최고 나의 최애 PINK FLOYD 데뷔작
새벽의 문에서 피리 부는 사람 발매 체 게바라 체포 아!
지리 남한 첫 국립공원 포철 기공 現自 설립

주) 영국이 낳은 세계 최고의 전설적인 프로그레시브 락 밴드 핑크 플로이드의 데뷔앨범 The piper at the gates of dawn(새벽의 문에서 피리 부는 사람)이 1967년에 발매되었다.

소똥
초등학교 들어가기 전 농대 정문 근처에 살았다
볼거리 났을 때 학교 안 소달구지 다니는 땅에
떨어진 소똥을 볼에 붙였다 으, 음메 냄새

찻집 女子
찻집 女子 들어왔다 10평집 나무마루 건넛방
지폐 한 장 받았다 팔이 아파 만화책 한 보따리 빌려
그녀와 나는 종일 만화 주인공이 됐다 나 미취학 때

찻집에서는 차를 팔지 않는다. 술과 여자를 판다.

비암
뱀을 잡았다 외사촌형이 어느 여름 농대 뒷산
주전자 속 발버둥 치는 놈을 한약방에 넘기고
포식으로 배를 두드리며 시간 가는 줄 몰랐다

냉수마찰
한겨울 배봉산 얼은 불알 녹여 가며 냉수마찰
지나가는 아낙들은 독 오른 자지들을 훔쳐본다
몸에 좋은 찬물찜질 보지들은 흥분한다 탈 것 같다

일기

1978 3 27 월 맑음 잠잔 시간 9시 일어난 시간 7시 20분
 오늘 학력고사를 보는 줄 알고 토, 일요일에 열심히 공부를 하였는데 오늘 시험을 보지 않고 연기했다. 학교 공부가 끝나 집에 와서 옆집에 사는 인규와 놀고 숙제도 하며 내일 열릴 질서운동을 연습하고 TV를 보았다. 채널7에서 하는 루쯔(뿌리)를 나는 감명 깊게 보았다.

1978 3 28 화 맑음 잠잔 시간 9시 일어난 시간 7시 10분
 오늘 질서운동을 하였다. 우리 반도 잘하였지만 다른 반도 우리 반 못지않게 당당한 기세로 잘하였다. 질서운동을 마치고 점심을 먹고 7발뛰기를 하며 놀다가 내 짝 선우와 다투었다. 그래서 그 뒤로부터는 선우와 말도 하지 않고 모른 체할 것이다.

배꼽

배고플 땐 꼼보빵, 만두빵, 찌인빵
목 마를 땐 따끈한 목장우유 오렌지 주스
이 노래를 부르자 모두들 배꼽을 잡았다

1979
제17회 졸업기념 서울 H초등학교 졸업 앨범
교훈 1. 슬기롭게(知)
　　 2. 착하게(德)
　　 3. 씩씩하게(體)
유신의 심장이 멈춘 그해 난 초등학생을 마감했다

노팬티 중년 지보
딸딸이 엄마 문간방 얼굴 큰 중년 과부
노팬티 쩍 벌린 다리 치마 속 구멍 늘 사내가 고파
벌렁벌렁 탐스런 사과 그리며 아줌마 쐈다 딸딸이

'80's 初
제10회 졸업기념 ㅎ중학교
교훈 1. 성실한 사람이 되자
　　 2. 바르게 배워 익히자
　　 3. 튼튼한 몸을 기르자
급훈 3-1 믿음 사랑 소망
　　 3-2 부지런하게 명랑하게

3-3 서로 돕고 사랑하자

3-4 하면 된다

3-5 책임을 완수하자

3-6 알차게 배우자

3-7 끝맺음을 잘하자

3-8 스스로 해결하자

3-9 기일을 지키자

3-10 계획을 세워 실천하자

3-11 바른 정신을 갖자

3-12 화목하고 노력하자

3-13 공부를 위한 24시간

3-14 정직하게 실천하자

3-15 알찬 생활로 보람찬 내일을

3-16 신념있는 성실한 생활

3-17 자신을 갖고 최선을 다하자

初中高

초딩 때 老母의 손에 반강제로 하느님 자녀 되고

중딩 때 견진 고딩 때 혜화동 KYCS 활동

prog빽판 사러 빨간책 있는 청계천 누빌 때

건강기록부

"학생이 하여야 할 일"

1. 이 건강기록부에 의하여 학생 스스로 건강 상태를 파악하도록 합시다.
2. 이 건강기록부에 의하여 건강을 유지하게 하는 습관을 기릅시다.
3. 병과 상처는 속히 치료합시다.
4. 건강한 학생이 되도록 노력합시다.
5. 자진해서 건강 상담을 받읍시다.
6. 친구들의 건강과 안전을 위하여 협력합시다.

"건강기록부의 사용 목표"

1. 학생에게 자기의 건강 상태를 파악케 하여 건강의 유지증진에 필요한 사항을 실천케 한다.
2. 학생의 건강에 대하여 학교와 가정과의 상호 연락을 긴밀히 하여 보건 관리 및 보건 지도를 강화한다.
3. 학생의 건강 진단과 건강 상담에 활용한다.

국민교육헌장

에휴, 그 당시 이걸 어떻게 다 외웠을까!

우리는 민족 중흥의 역사적 사명을 띠고 이 땅에 태어났다. 조상의 빛난 얼을 오늘에 되살려, 안으로 자주 독립의 자세를 확립하고, 밖으로 인류 공영에 이바지할 때다. 이에, 우리의 나아갈 바를 밝혀 교육의 지표로 삼는다.

성실한 마음과 튼튼한 몸으로 학문과 기술을 배우고 익히며, 타고난 저마다의 소질을 개발하고, 우리의 처지를 약진의 발판으로 삼아, 창조의 힘과 개척의 정신을 기른다. 공익과 질서를 앞세우며 능률과 실질을 숭상하고, 경애와 신의에 뿌리박은 상부 상조의 전통을 이어받아, 명랑하고 따뜻한 협동 정신을 북돋운다. 우리의 창의와 협력을 바탕으로 나라가 발전하며, 나라의 융성이 나의 발전의 근본임을 깨달아, 자유와 권리에 따르는 책임과 의무를 다하며, 스스로 국가 건설에 참여하고 봉사하는 국민 정신을 드높인다.

반공 민주 정신에 투철한 애국 애족이 우리의 삶의 길이며, 자유 세계의 이상을 실현하는 기반이다. 길이 후손에 물려줄 영광된 통일 조국의 앞날을 내다보며 신념과 긍지를 지닌 근면한 국민으로서, 민족의 슬기를 모아 줄기찬 노력으로, 새 역사를 창조하자.

1968년 12월 5일

화양리 죽순이
지저분한 파마 짙은 눈화장 꺾어 신은 흰 구두
게걸스럽고 천박한 모습 완전 걸레 완전 날라리
화양리 죽순이가 꺽40인 나에게 준 글 2편

너 그리고 나
언제나 개구쟁이인 너
사랑하지 않으면 안 되는 너
언제나 진실과 작은 꿈을 먹고 사는 너
친구에 욕심이 많은 너
그러기에 친구가 많은 너
따뜻한 마음과 눈을 가진 너
나를 잘 울리던 너
하지만 밉지 않은 너
그런 너를 사랑하는 나

밤의 이야기

고독하다는 건
아직도 나에게 소망이 있다는 거다

소망이 남아 있다는 건
아직도 나에게 삶이 남아 있다는 거다

삶이 남아 있다는 건
아직도 그리움이 남아 있다는 거다

그리움이 남아 있다는 건
보이지 않는 곳에
아직도 너를 가지고 있다는 거다

-사랑의 노예-
from 동선

주) 조병화 시인의 '밤의 이야기' 중 일부를 인용

깡패高 교·급훈

제78회 졸업기념

교훈 정직

　　　근면

　　　청결

급훈

3-1 계획하고 실천하여 빛을 본다

3-2 例外없는 生活

3-3 Be ambitious!

3-4 一以貫之

3-5 不屈의 精神

3-6 참된 사람이 되자

3-7 力進

3-8 나날이 새로워 지자

3-9 밝게 성실하게

3-10 협동과 인내 최선의 노력

3-11 오늘에 충실하자

3-12 自立

통일을 염원하며

-분단조국 43년에 부쳐

허리 잘린 우리 어머니 한반도는

제국주의 발톱 아래 신음하는

아들을 생각하며 지금도 울고 계신다

어머니! 기필코 한라에서 백두까지,

우리의 분단둥이들이 해방둥이가 될 때까지,

이 청춘을 살라 조국통일에 몸바치겠나이다. -어느 아들이-

-1987. 6. 4. 木 해방전후사의 인식(청계천 중고방에서 구입) 책 뒤 안쪽 면에

6·10

빡빡머리 뿔테안경 붉은티, 전경들 헤치고

호헌철폐! 독재타도! 명동투사 목이 쉬었다

성전에는 최루가스 자욱 얼굴에는 적색열꽃 가득

明洞聖堂

터지고 깨지며 최루탄이
난무했던 수난을 참으며
민주를 굳게 지켜왔던
명동성당이여

누가 성역인 이곳에
독재의 씨앗을 뿌리려
한단 말인가

도시계획에 의해 집 잃은
철거민과 더불어
시대의 아픔을 되씹으며
오늘도 종소리를 울린다

말이 없는 성당은
우리들 가슴속 깊이
오늘도 종소리를 울린다

병력차출
사방을 둘러보아도 山山山 사단포병 한숨만
올림픽 때문에 국방부서 내무부로 차출
서울로 가는 전철을 타며 속으로 만세를 불렀다

走狗
양키의 주구 되어 파쇼의 주구 되어
米대사관 靑기와집 초병 되어
남한 심장부의 말뚝이가 되어
신성한 국방의 의무가 시작됐다

양심선언
날 아껴준 총학 학술부장 출신 고참 전경
어느 날 사라져 종로에서 양심선언
선하고 해 맑은 그의 잔잔한 미소가 떠오른다

백담사 파견

제대 말년 빛나리 부부 지키려 백담사 파견
근무가 끝나면 피라미로 매운탕 끓여 경월소주
숙소인 용대初 강당은 월경냄새와 드르룽 소리뿐

㊦㊉

동대문 근처 이름 없는 허르스름한 골목
술 취한 사내가 싼 값에 여자를 품으려 서성거린다
엄마보다 주름이 더 많은 여자가
'총각! 연애한번 하고 가 화끈하게 해 줄게
텍사스 오팔팔 창녀처럼 소매를 잡는다
못 이기는 척… 삐걱거리는 할망구 등 같은 木계단을 올라
검푸른 늙은 자궁 속 같은 방에 누워
알코올에 쩔은 거시기를 세워 본다
이모뻘 되는 여자가 들어와 홀러덩 벗어 제치고
밑구녕을 벌름거리고 있다 시체같이 누워
화대로 지폐 몇 장을 건네주니
잔돈은 없냐길래 주머니 속 동전을 탈탈 털어줬다
10원 50원 100원 500원 형제들이
무릎까지 오는 그녀의 스타킹에 함께 있다

배와 배가 붙었다 떨어질 때마다
쨍그랑 딸그락 짤그랑 짤랑짤랑
창과 방패가 부딪히는 것처럼, 아니 짤짤이 소리가 들린다
속도 조절이 안 되는 사정을 마치고 나오니
안쪽 부엌에 가족으로 보이는 사람들이
둥그런 상에 이끼처럼 달라붙어 수저를 뜨고 있었다
어린애들과 같이 살면서
엄마가, 이모가 몸을 팔고 있는 것인가?
숙박업소가 아닌 집에서?
해장국을 안 먹어도 갑자기 술이 확 깬다
지독한 가난으로 매춘가정이 된 듯하다
다 주고 싶다
깊게 숨겨 논 돼지… 저금통이 품고 있는
동전

新農夫歌

몸의 균형 좋은 년들
돈을 벌려 男子 찾고

허벅지에 알밴 년들
일을 할 터 농촌 남고

우리네 피붙이들
모두들 모여서
빨간책만 읽누나

너도나도 大處가서
돈 날리고 몸 베리고
야 이 얼빠진 연놈들아
정신 차려!

雨中의 酒

내리는 비 위에
죽음 같은 검은 비가 내리고
흰 고개 검은 고개
팍팍한 고개 지나
허위허위 휘청휘청
낮술에 취해 쐬주에 취해
비가 나를 때리고
내가 비를 희롱하고
갈숲 지나 대밭 지나
저 산 넘어 이 강 건너
허위허위 휘청휘청
쉬지 않고 소주가 나를 적신다

작은새

어둠을 가르고 대지를 향해
꿈과 희망을 안고 저 산을 넘어
푸드득 푸드득
한 번의 날갯짓에 근심을 잊고
푸드득 푸드득
또 한 번의 날갯짓에 신념이 샘솟고
아! 나는 작은새
자유 찾아
이 밤도 피곤한 줄 모르고
새벽까지
새벽까지

꽃병

『화염병이라 하면 유리병 기타의 용기에 휘발유 등유 기타 불붙기 쉬운 물질을 넣어 그 물질이 유출하거나 飛散하는 경우에 이것을 연소시키기 위한 발화장치 또는 점화장치를 한 물건으로서 사람의 생명·신체 또는 재산에 위해를 가하는 데 사용되는 것을 말한다』
　-89. 2. 9 신문기사에서

솔직히 말해서 나는

솔직히 말해서 나는
개좆도 아닌지도 몰라
혀로는 민주·자주·통일을 말하고
민족해방 어쩌구 저쩌구 해도
그 모든 것의 반대인지도 몰라

솔직히 말해서 나는
전장에서 앞장서서
목에 벌겋고 퍼런 힘줄 세워 악쓰고 노래하고
작은 주먹 허공에 크게 뻗고
손이 부서져라 박수치고
총알같이 적에게 박힐 듯 팅겨져 나가며
용감한 척 뜨거운 척해도
나는 결코 진정한 전사가 아닌지도 몰라

솔직히 말해서 나는
싸움터에서 어쩌다 끌려가
어느 위치도 형체도 모를 지하실에 끌려가
온 몸이 부서지고 빠개지고 으스러지는
삶의 절정인 죽음 앞에 닥쳤을 때

비겁한 생을 택하며
동지까지 죽일 지도 몰라
아니 이 민중 전체까지도 죽일 지도 몰라

솔직히 말해서 나는
대중 앞에서
겉으로는 투사인 척
열사의 가슴을 갖고 있는 척해도
피의 상황에서는
꽃을 피워야 할 상황에서는
제일 먼저 안 보일
그런 자진 낙오자, 자진 도망자가 될 지도 몰라

솔직히 말해서 나는
이 모든 것이
용기와 신념, 사상과 이론, 의욕과 정열의
부족에 대한
강한 은폐성과
강한 열등심리의
강한 반작용인지도 몰라

하지만 솔직히 말해서 나는
그렇게 되지 않으려고
살을 찢고 뼈를 깎는 고통을 이기며
최대한 노력하고 있는 지도 몰라

- 89.6.6 아침에

YK 좆빤년

누가 그 여자만 욕하랴?
우리 모두 좆을 빨고 있는데!

-89.6.8 am10:00

?
모든 것이 인간적일 것
모든 것이 진보적이고 변혁적일 것
그리고 모든 것이 혁명적일 것

그렇습니다

우리들의 삶과 사랑과 죽음
우리들의 투쟁과 자유와 해방이
모두 그렇습니다
-89. 6. 8 am10:00

품성
대중에게서 바늘 한 올 실 하나라도 가져 오지 말자
대중의 개인적 생활을 침해시키면서까지 운동을 하지 말자
항상 어디서든 대중을 생각하며 끝까지 대중을 책임지자
모든 것을 대중을 위해 희생시키며 그 보답을 바라지 말자
첫째도 대중, 둘째도 대중, 그 마지막도 대중
모범적 생활로 대중으로부터 신뢰와 지지를 받자
-90. 1

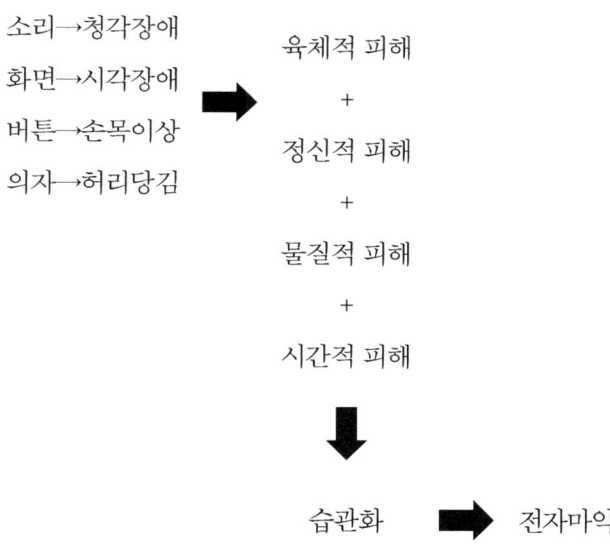

「양키말을 쓰는
양키옷을 입는
양키밥을 먹는
양키좆의 양공주
양공주가 바로 우리나라 자신이다」

사람이 모여 도시가 되고

도시와 非도시가 합쳐져 자연이 되고 지구가 되고
지구를 포괄하는 우주가 있고 神이 있고

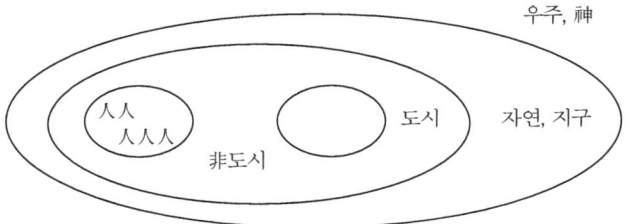

오! 민중이여

꺼져 가는 불씨 하나
언제 꺼질지
어디로 날아갈지
모르는
작은
불씨 하나
불씨야!
어둠의 세월
혼돈의 세월

화안이 밝혀 주거라
통곡의 세월
분노의 세월
어서 빨리 몰아 가거라
그래서
다시는
다시는 이 땅에
이 나라에
이 역사에
어제와 같은 그런 오점을
지금과 같은 이런 오점을
미래에는 남기지 말지어다
아!
희망의 세월
민중의 나라
어서 빨리
빨리
도래할 수 있게끔 해주려무나
비켜라
이곳의 반동들아

민중이 간다
민중의 희망이 열린다!
불씨가 있는 곳에
희망이 있고
불씨가 타는 곳에
민중이 타오른다
불씨여!
희망이여!
민중이여!
오!
오!
민중이여!
민
중
이
여
!

-90. 1. 21. 水

아무도 없는 빈집

시계의 째깍거림만 살아있고 모든 것은 고요와 적막 속에서 얼어버린 듯 정지해 있다. 한 개비의 담배에 생명의 불을 붙인다. 희뿌연 연기와 시뻘건 심지로 되살아난 담배. 타버리는 허무와 뿜어져 나가는 연기의 카타르시스로 내 손에 쥐어져 있다. 타버리는 허무와 함께 나의 가슴도 텅 비어져 가고 뿜어져 나가는 연기와 함께 깊은 지난날의 삶들이 어지러이 내 눈 앞에서 회색빛 장막을 드리운다. 아장아장 어디선가 나타난 이름 모를 곤충. 아하! 너도 살아 있었구나. 너도 거기서 존재해 있었구나. 반갑다.

-90. 3. 31(?)

「허무의 江」 건너 「민족의 바다」로

자! 지금 내 앞엔 거대한 허무의 江이 가로놓여 흰 이빨의 푸른 웃음을 보이며 유혹하고 있다. 쉴 사이 없이 기슭을 쳐대며 저 멀리서 달려오는 허무의 손길들. 넋 없이 바라보고만 있는 나를 강물에, 허무의 깊은 늪 속에 빠뜨릴려고 갖은 모습의 유혹의 손길을 뻗친다.

어어! 점점 내 머리는 혼돈스러워지고 나도 모르게 발길이 그리로 간다. 이래선 안 돼! 안 돼! 하면서도, 완강히 거부하면서도 몸은 벌써 그 강의 목전에 다다랐다. 흠, 이 냄새. 맡을수록 가슴이 텅 빔을 느끼는 허무의 냄새. 아, 이 소리. 허무의 강 위를 날아다니며 끊임없이 허무의 소리를 보내는 허무鳥. 그리고 보기만 해도 모든 것을 빼앗겨 버릴 것 같은 허무의 강의 몸부림. 이제 난 거기에 빠지기 직전이다. 앗! 그런데 바로 그 때 저 멀리 산 너머에서 번쩍이는 섬광. 이어 앞이 확 트인 바다. 정말 넓기도 넓고 진하기도 진한 바다. 그렇구나! 민족의 바다구나. 내가 그토록 찾아 헤맸던 민중의 바다였구나. 두 손 들어 환호하며 힘껏 달려가 풍덩 빠져든다. 아, 이렇게 좋을 수가. 아, 이렇게 뜨거울 수가.

그렇습니다. 지난날의 내 삶은 허무의 강이었습니다.
하지만 앞으로의 내 삶은 역사적 필연인
민족의 바다 민중의 바다입니다.

-90. 6. 18 또는 19(?)

神

```
한조각+한조각+⋯              ⇒    歷史
순간∞<시간+시간+⋯<人生
```


복협~仲介士

복협의 붉은 깃발 어머니다운 품성에 심취했다가
언론高試 공부 대기업入社 큰 꿈 갖고 퇴사
이 시험 저 시험 모두 미역국 상상 못한 仲介士 합격

할매집

할매 없는 학교 앞 할매집 언제나 와자지껄
파전 200원 잡으면 무너지는 탁주 300원 은하수 330원
1000원의 행복으로 나는 무너지지 않는다

조국에 대한 맹세

나는 식민지 청년학도로서

외세에 억압받고 있는 이 땅의 자주와

독재자의 폭압에 신음하는 민주와

허리 짤려 통곡하는 식민지 반도가

하나 되는 민족의 통일을 위해

이 한 몸 바쳐 싸워나갈 것을

역사와 민족의 제단 앞에

굳게 맹세합니다

-91(?)

주) 원출처는 모르고 젊은 날의 노트에 있는 것을 옮겨 적음

92 다이어리 제일 뒷면

말하는 사람은 많으나 뛰어다니는 사람은 적다

비판하는 사람은 많으나 실천적으로 수용하는 사람은 적다

똑똑한 사람은 많으나 겸허하게 움직이는 사람은 적다

큰 사업을 벌이는 사람은 많으나 세세한 부분에 충실한 사람은 적다

원칙을 제시하는 사람은 많으나 구체성을 제시하는 사람은 적다
대중을 생각하는 사람은 많으나 대중과 결합하는 사람은 적다
조직이 필요한 사람은 많으나 조직을 건설하는 사람은 적다
혁명을 원하는 사람은 많으나 혁명적으로 준비하는 사람은 적다

足下
나는 아무것도 아니다
그렇다고 가볍거나, 보이지 않지는 않다
보이지 않는 곳의 무거움이 있다
참을 수 있는 존재의 무거움

괴로움의 시작은 어디고
괴로움의 끝은 어디일까
아니, 괴로움이란 도대체 무엇일까
나는 누구이고 어디로 가려는 것일까
아무것도 않했고 아무것도 못했다

-95

있다면…

지나간 과거를 가위로 깨끗이 오려낼 수만 있다면…

지워지지 않는 가슴 속의 아픈 기억을 지우개로 지울 수만 있다면…

자꾸만 망가져 가는 몸을 집을 짓듯 다시 세울 수만 있다면…

비어만 가는 호주머니에 언제나 두툼한 지폐를 채울 수만 있다면…

흘러가고 있는 시간을 잡을 수만 있다면…

가버린 사람, 연락이 끊긴 사람, 다시 만나고 싶은 사람, 아련한 옛 추억 속에 존재하는 그 사람을 만날 수만 있다면…

이러저러한 나 같은 존재의 인생이 다시 시작할 수만 있다면…

있다면 있다면 -ㄹ 수만 있다면…

-95. 5. 21. 日

588-1
시골 오지 사람도 청량리 청량리역은 알고 있다
허나 청량리역이 전농동에 있다는 건 거의 모른다
전농동 588보다 청량리 588이 더 유명하다

588-2
창녀촌 집창촌 색시촌 갈보촌 전갈촌 지보촌 오입촌 정액받이노예촌 씹순이마을 매음굴 매춘굴 사창굴 사창가 홍등가 윤락가 영자네 미성년자출입금지구역

사랑방 주인장
중개사 합격 후 부초처럼 떠돌다가
집 근처 대학가 정문 앞에 사무실 오픈
1층 부동산은 사람들 말 들어주는 사랑방이다

고슴도치가 된 원숭이

나는 창경원의 원숭이가 되어 오늘도 손님을 기다린다
어떤 손님은 바나나를 주고 가지만 대부분 독사과를 주고 간다
독이 든 사과를 먹기 싫든 좋든 먹고 먹고 또 먹고
더 이상 내 몸에는 꽂힐 화살이 없을 만큼 촘촘하다
내 온몸은 화살로 고슴도치가 되어 버렸다

나는 1층에서 밥을 먹고 사는 중개업자다

영화 '얼굴도둑'을 보고

이 영화는 나와 많이 통한다
주인공이 남자이고, 가톨릭 신자이고, 부동산 중개인이다
결정적인 것은 중개인의 삶을 완전히 버리고
그가 가장 이상적이라 여기는 예술가의 삶을 산다는 것이다
나 또한 그러고 싶다
이 영화는 내 마음을 가장 잘 대변한다
두 번 다시 태어난다면 중개업을 영원히 하고 싶지 않다
대신 예술가가 되고 싶다

문학이나 음악

하지만 두 번 다시 태어난 다는 것은 불가능한 일이기에

지금 당장 바로 여기서부터 예술가의 삶을 산다

지금! 여기!

나는 예술가다!

2012. 7. 12. 木

So-so 카페 대학가 3층 상호가 그런지 분위기 주변 모두 So-so

코알라 눈화장 버커루 청바지 피곤한 눈 힘없는 톤으로

혹시 "최진락 씨 아니세요?" 그 말을 듣는 순간 전기가…

아내가 될 사람이 왔구나! 아내다!

그녀를 처음 만난 날

Hidden Angel

살아 있는 천사를 만났다

첫 직장 첫 월급을 봉투째

일면식도 없는 육교 위 껌팔이에게 준

My wife's mother

진정한 영원한 고객

기존의 관념을 깨라

일보다는 놀이를 즐겨라

公보다는 私를 우선하라

직장보다는 가정이 더 중요하다

근무시간을 줄이고 여가, 문화, 휴식 시간을 늘려라

고객한테 맞추지 말고, 고객한테 불려 다니지 말고 나한테 맞춰라

내가 곧 영원한 고객이다

내가 내 인생의 진정한 영원한 고객이다

사기꾼

득실득실 사기꾼만 의산 없고 병든 병원
환자 갖고 장난 그만! 이 세상에 가장 큰 죄
흰 옷 벗고 니 새끼도 일루 보내! 지금 냉큼!

마귀들

대학 종합 자지 벌려 보지 세워 인간말종 돈벌레들
病源 制惡社 惡局 영구집단 살인범들 불지옥에!
약장수 때려 치고 어짐 갖고 아픈 이들 웃게 하라

나의 기도

회개	감사	겸손	기원
통회 ⇒	찬미 ⇒	희생 ⇒	간구
반성	영광	선행	청원
참회	흠숭	헌신	
사죄	경배		
눈물			

33원의 행복

하루 33원의 행복! 매일미사 책값
1000÷27~31≒33 예수님 나이
영생불멸 세상 최고의 말씀이 있다

주) 이 글을 쓸 당시에는 매일미사 책값이 1000원이었다. 그래서 제목과 내용을 바꾸지 않았다. 현재는 1300~1500원. 하지만 1000원에 파는 성당도 있다.

테마별 아파트

Gay―막대들
Lesbian―구멍들
Children―중3이하 자녀
Silver―70세 이상
Solo―남성전용, 여성전용, 연령별
Student―고1~3 수험생 자녀
Animal―개, 고양이, 기타 애완동물
Adult―전원 20세 이상만
Smoking―흡연자만

No smoking No liquor─금연금주

Couple─무자녀 오직 2명만

Big Family─대가족 8인 이상

No Car Only Foot─뚜벅이들만

국개의원, 정치인들을 부동산 중개업 고객에 빗대어

1. 고객은(아니 고객이라고 말하기도 뭐하지만) 약속을 수도 없이 수시로 어긴다. 특히 시간 약속

2. 계약(한말 이행)을 한다 그랬다 안 한다 그랬다 변덕이 죽 끓듯 한다.

3. 상관이 없는 사람이나 경우를 들먹이며 잘못한 자기를 합리화한다.

4. 돈(물질) 앞에서는 본색을 드러낸다.

5. 거짓말을 밥 먹듯이 하고 절대적으로 믿을 수 없다.

개튜브

너무 자극적인 것만 추구하지 마라
평상시 즐겨 먹는 평범한 음식 속에
평범한 일상 속에 평생의 행복 있다

주님 감사

하느님 날 구하셨다 폭음 방탕 바람 파경 단명에서
갑자기 큰 돈 일 안 하고 글 안 쓰고 유튜버 물 건넌다
건강과 의미의 영원 그리로 가고 있다 주님 감사

大作

오히려 잘 됐다 하늘이 준 내 인생 최고의 기회
글을 쓰자 영구불멸 온 세상 만민들을 울릴
대작 남길 환경 주신 하느님 찬미 영광 받으소서!

이 세상에서 가장 존경하는

80kg 쌀 한 가마 엘리베이터 없는 5층
그 어깨는 얼마나 무너졌을까 가족을 먹여 살리시느라
온전히 한 몸이 부스러진 이 세상에서 가장 존경하는 아버님

공화국 공화국

대한민국 헌법 제1조 제1항 대한민국은 민주공화국이다
검찰공화국
독재공화국
군바리공화국
겨울공화국
보신탕공화국
아파트공화국
MB공화국
노인공화국
좌파공화국
주사파공화국
재벌공화국

삼성공화국

개판공화국

싸가지없는공화국

반려동물공화국

부동산공화국

중개사공화국

태극기공화국

촛불공화국

최순실공화국

호빠공화국

안전불감증공화국

'이상한'공화국

이혼공화국

자살공화국

불신공화국

스트레스공화국

경쟁공화국

부채공화국

카드공화국

카카오공화국

한반도공화국

중독공화국

알콜공화국

게임공화국

압색공화국

책공화국

bang공화국

방방공화국

스마트공화국

스마트폰공화국

多문화공화국

코로나공화국

마스크공화국

치킨공화국

전자상거래공화국

인터넷공화국

어플공화국

유튜브공화국

택배공화국

딸배(배달)공화국

편의점공화국

플라스틱공화국

1회용품공화국

빨리빨리공화국

공화국글쎄공화국

좆도공화국

오팔팔공화국

창녀공화국

PIMP공화국

PIMP

Pimp is a person who connects Jazi and Bozi

Invisible or visible CUM = jotmul

Man finds a hole forever

Pimp is forever, too

악마의 편의점

놈은 언제나 눈에 불 밝히고 있다
낮이나 밤이나, 6일 일하고 하루 쉬라는 주일에도
심지어는 명절에도 눈에 불을 켜고 있다
24시간 365일 놈은 눈 감는 일이 없다

놈은 언제나 갈보처럼 가랑이를 벌리고 있다
수도 없이 화대를 받아 처먹고도 또 받아먹으려
심지어는 2+1이니 1+1이니 달콤한 말로
서민들의 똥구녁까지 핥으려 한다

놈은 이 나라에 없는 곳이 없다
어디서나 언제든 마귀오줌을 살 수 있다
그래서 우리가 세계 음주량 상위 국가인가
에이 거머리 같은! 잘 때는 좀 자라!

놈은 편의점이 아니라 악마의 옷을 걸친 惡衣店!
　물건 살 땐 벌렁벌렁 웃는 보지 반품 환불할 땐 삐죽빼죽 개좆같다
　이걸 사전봉쇄하려 절대 미리 영수증을 주는 일이 없다

하긴 사창가 화대 영수증을 미리 주는 곳이 없듯이

나는 오늘도 놈의 카드리더기 구멍에 내 좆을 꽂는다!

좆량리
인간의 오만과 탐욕은 하늘을 찔러
god량리는 God의 똥꼬를 찌르려 한다!
jot량리에는 아직도 좆들의 냄새가…

그 많던 영자는 다 어디로 사라졌을까
　히빠리ひっぱり 골목 도발적인 불빛 모퉁이에서 육정의 방망이들을 기다리는
　색정적인 화장의 그 많던 영자들은 다 어디로 사라진 걸까
　천만도시 대표 red light street
　그 많은 붉은 등불은 지금은 어디서 켜지고 있을까
　창녀들의 창녀들에 의한 창녀들을 위한 오팔팔공화국은 어디로
　아, 오늘따라 영자의 음모 냄새가 그립다 밤기차를 타고 온

주) 조선작 선생님의 소설 '영자의 전성시대'를 참고, 인용했다.

히빠리라는 말은 일본어로서 잡아당김 끌어당김 또는 길가에서 행인의 소매를 잡아끄는 하급 창녀를 말한다.(다음사전)

정액 위에 아파트

정액 위로 아파트들이 발기하고 있다

좆물 씹물 속에서 자지 보지 춤추고 있다

태어나지 못한 생명의 울음이 588 초고층을 무너뜨리고 있다

死행시

엘! 엘리베이터 초고속 초고층 하늘을 가렸다

육! 육시럴 니미럴 씨부럴 답답해 죽갔다

씹! 씹순이들은 어디가고 콘크리트만 발기해 있느냐

오! 오호 통재라. 외팔뚝이라 오늘도 공때렸을 영자 씨의 死의 난자들

척하지 마라

우아한 척하지 마라
고상한 척하지 마라
고고한 척하지 마라
점잖은 척하지 마라
잘난 척하지 마라
아는 척하지 마라
있는 척하지 마라
깨끗한 척하지 마라
할 수 있는 척하지 마라
아는데 모르는 척하지 마라
했는데 안 한 척하지 마라
봤는데 못 본 척하지 마라
들었는데 못 들은 척하지 마라
기억나는데 기억 안 나는 척하지 마라
윗길인 척하지 마라
특별한 척하지 마라

국민의 하인, 머슴, 일꾼, 종인데
백성의 주인, 상전, 임금, 지배자인 척하지 마라

그렇게 척척척 하다가
척살 당하리라

'ㄱ' → 'ㄴ'
낫 놓고 'ㄱ'자도 모른다고
양반이 상놈에게
'그러니 평생 노예인생'이라며 조롱하니
상놈이 양반의 목을
댕강 잘라 버리더라
'ㄴ'자 낫으로

우리는 파리와 무엇이 똑같은가
파리는
평소에 뭘 잘못했는지
앞발인지 손인지
계속 비벼대고 있다

파리는

얼마나 늦게 잤는지
앞발인지 손인지
대낮에도 마른세수 하고 있다

나는
간밤에 무슨 실수 했는지
족발인지 손인지
아내에게 쓱싹쓱싹 빌고 있다

우리는
지금껏 어떤 거시기 했는지
두발인지 두 손인지
이놈저년에게 비비고 있다

세상에서 제일 빨리 죽는 방법

매일매일 세끼 떡국을 먹어라
하루에 세 살씩 먹으니
한 달 전후로 죽을 것이다

만병의 근원인 스트레스를 엄청 받아라
세상의 모든 병이 몸에 들어가
몇 달 안에 눈을 감을 것이다

술을 많이 마셔라
적당히 취하는 정도가 아니라
의식불명인 채 며칠 낮 며칠 밤을 부어라
항문에서 피가 나와
119에 실려 가는 구급차 안에서
과다출혈로 심장이 멎을 것이다

이미 없는 여자를 미치도록 사모하여라
너의 살 송곳이 그녀의 玉門을 뚫지 못해도
꿈속에서 그녀를 만날 순 있지만
지독한 相思病으로

그녀와 네가 相死가 될 것이다

하느님이 날마다 새로운 시간을
우리에게 선물로 주셨지만
1년을 눈 한번 깜빡거림의 찰나로 산다면
100년이면 100번의 깜빡거림으로
인생은 끝이 나니
이보다 세상에서 제일 빨리 죽는 방법이 또 있을까!

행복
막걸리 한 병에 두부 한 모 묵은지 한 접시
맑은 공기 마시며 걸을 수 있는 집 주변 山
평생 아니 영원히 누려도 끝이 없는 책, 음악, 영화, 음식, 여행 그리고 가슴이 따뜻한 사람들
이 세상에서 제일 사랑하는 목숨 같은 나의 아내

인생은 유한하지만 행복은 무한 영원하다

도서관아 미안하다

그동안 너를 많이 못 찾아와서
희망과 기적이 있는 도서관
나를 방탕과 무절제와 만취의 생활로부터 구해준 도서관
눈물이 난다
평생 아니 영원한 스승, 구세주, 친구
아니, 나의 모든 것
예수님 하느님 다음으로
-2022. 8. 9. 火 A8:37

내가 태어나서 가장 잘하고 잘되고 감사한 것들

첫째, 천주교 영세 견진 받고 하느님 자녀 된 것
둘째, 우리 부모님 아들로 태어난 것
셋째, 시인 와이프와 결혼한 것
넷째, 大太한민국 국민인 것
다섯째, 지금까지 큰 사고 큰 질병 큰 불행 없이 살아온 것
여섯째, 인류불멸의 작품을 남기려 노력 중인 것
일곱째, 세계최초(?) 24시간 사설 이♡최도서관이 인생 궁극 목표인 것

나의 쓰레기 aphorism

*서울에는 사람이 많지만 이웃은 없다.
*사람은 영원히 혼자 살지도 못하고, 영원히 같이 살지도 못한다
*사람은 평생 도시에서만 살 수도 없고, 평생 시골 자연에서만 살 수도 없다
*이 세상에서 가장 어렵고 힘들고 까다로운 것이 사람이다. 열 길 물속은 알아도 한 길 사람 속을 모르듯이. 고시가 어렵다 어렵다 해도 사시 행시 외시 즉 삼시 패스한 인간도 있다. 고시는 범위가 있지만 사람의 마음은 언제 어디로 어떻게 튈지 모른다. 하느님 모상대로 창조한 사람 속에 삼라만상 우주만물이 있는 걸까?
 *사람을 살리는 것도 사람이고, 사람을 죽이는 것도 사람이다
*가장 반가운 것도 사람이고, 가장 무서운 것도 사람이다
*이 세상에서 가장 쉬우면서도 어려운 것이 나이를 먹는 것이다. 아무리 돈이 많고 힘이 세더라도 1년에 누구나 한 살만 먹는다. 두 살 먹겠다고 해서 두 살을 먹을 수도 없고,

아예 한 살도 안 먹겠다고 해서 그렇게 되어 질 수도 없는 것이다. 가만히 아무나 한 살은 먹지만, 최소한의 '생물학적인 노력'은 해야 한다

   *인생소비를 물질소비로 하는 현대인들

   *돼지에게는 다이아 반지나 진주 목걸이보다 구정물 한 바가지가 더 낫다

   *텅 빈 곳간에는 수심 愁心 獸心 만 가득하고, 꽉 찬 곳간에는 인심 仁心 人心 이 그득하다.

   *내 몸은 남에게 보여주기 위해 있는 것이 아니라, 내가 사랑하기 위해 있는 것이다

   *은퇴란 자기가 하기 싫은 일을 그만두고, 자기가 하고 싶은 일을 하는 것이다. 자기가 하고 싶은 일을 하고 있을 때에는 '인생 2막'으로 이동하는 것이다

   *늦은 때는 없다. 다만 시작을 않해서, 못해서 후회만 있을 뿐. 더 이상 우물쭈물 하지 말고, 머뭇거리지 말고, 우왕좌왕 갈팡질팡 하지 말고, 주저주저 하지 말고, 괜한 고민 하지 말고, 많은 생각 하지 말고, 너무 많은 준비 하지 말고… 지금 당장 여기서 시작하라! 출발하라

   *행복은 미래가 아니라 현재다.

   행복은 목적이 아니라 과정이다. 이 순간이다.

*오늘의 노력을 아끼는 자는 내일의 고통을 배로 받을 것이다

　*죽지 말고 살아라! 살아서 기필코 이루라! 이뤄서 영원히 빛내라!

　*살자! 보다 더 큰 내일의 희망을 위해 고통의 오늘을 살자

　*나의 스승은 자연, 인간, 사물이다. 즉 나 이외의 모든 것이다

누구나 실천할 수 있는 잘 먹고 잘 살고 부자 되는 법
— 어느 유명한 금융인이 한 말을 토대로

3 NO C를 지금 당장 실행하라.

1. NO Credit Card

신용카드가 있을 때와 현금만 있을 때 어느 쪽이 돈을 더 많이 쓸까? 당연히 카드가 있을 때 훨씬 많이 소비한다. 현금은 보통 몇 만 원 정도 갖고 다니지만 카드로 지출하는 금액은 엄청나다. 플라스틱 머니라 느낌이 없다. 특히 술 먹는 사람들은 잘 알 것이다.

현금을 1~20만 원쯤 소지하는 사람은 거의 없다. 설사 있다 해도 그 돈만 쓰면 더 이상 돈을 쓸 수가 없다. 그런데 카드는 하루에 수십만 원 수백만 원 심지어는 수천만 원도 쓸 수가 있다. 물론 개인의 신용도에 따라 한도는 틀리지만. 특히 카드 장기 무이자 할부라면 누구나 쉽게 구매를 한다. 요즘은 5만 원 이상이면 웬만하면 최소 3개월 이상 무이자 할부가 된다.

처음에 카드를 만들 때 현금처럼 쓸 수 있는 포인트나 각종 혜택을 준다. 이게 바로 미끼다. 나중에 그 포인트와 혜택의 몇 십 배 몇 백배 아니 몇 천배를 뱉어내는 아주 혹독한 대가를 치르게 된다. 카드사는 아주 고리대금업체는 아니지만 카드수수료 등 각종 수수료와 이자로 먹고 사는 집단임을 명심하자.

월급 타서 카드대금 결제하면 거의 돈이 안 남아 또다시 카드를 써야 한다. 후불인생 외상인생 청산하고 현금인생 노카(no card)인생을 살아야 한다. 더 이상 카드사 금융사에 놀아나면 안된다. 내가 쌓아야 할 현금이 점점 사라지고 있다. 쓸 돈만 현찰로 조금 갖고 다니고 카드는 지금 당장 없애자.

신용카드가 체크카드 후불교통카드 겸용이라 편리할 수도 있다. 교통카드만 되는 카드에 1~2만 원 정도 충전해서 쓰고 체크카드도 아예 만들면 안된다. 체크카드가 더 위험하다. 바로 현금과 똑같기 때문이다. 분실 도난시 보호를 받을 수 없다. 업소에서는 본인확인도 안하고 비번조차 필요 없다. 한마디로 잊어 버린 사람만 바보된다. 현금인출은 종이통장으로 하면 된다.

　목돈이 없는 서민이 고가의 물건을 구매할 때 10개월 이상 카드 무이자 할부를 불가피하게 이용할 수 있다. 카드로 구매 후 미련 없이 바로 짤라 버리면 된다. 그리고 할부가 완납이 되면 카드를 지체 없이 해지하자. 연회비가 나가고 또 괜히 쓸 수 있으니까. 해지전화를 하면 '고객님, 포인트가 남았는데 어쩌구저쩌구' 하더라도 주저하지 말고 해지하자. 당장 몇 푼에 현혹되어 나중에 엄청난 손실과 후회가 온다.

　스마트폰에 있는 신용카드도 마찬가지다. 실물인 플라스틱만 없을 뿐이지 해악은 똑같다. 금액별로 지폐와 동전을 갖고 다니자. 5만 원권 1만 원권 5천 원권 1천 원권 동전 500원 100원 50원 10원. 처음에는 번거롭겠지만 카드를 갖고 다닐 때보다 돈을 훨씬 덜 쓴다. 불필요하고 예상초과의 지출이 사라진다. 그리고 실물인 현찰이 나가니까 돈을 더 아껴 쓰고 만원이 결코 작은 돈이 아님을 깨닫는다.

　카드의 또 다른 나쁜 점은 술 먹을 때 여실히 드러난다.

10만 원 이상 주대를 현금으로 내는 사람이 얼마나 될까? 그것을 만 원권으로 낸다고 생각해 보라. 그 돈이 큰돈임을 절실히 느낀다. 카드는 계속 그으면 되니 술을 많이 길게 먹게 되고 종국에는 여러 불미스러운 일이 생긴다. 어찌 보면 많은 사건 사고의 근원이 카드가 아닐까? 나도 솔직히 카드로 하룻밤에 200만 원 정도 술을 먹은 적이 있다. 후회하고 또 카드 쓰고 메꾸고 악순환이다. 돈이 모이질 않는다. 카드가 아예 없다면 이런 일이 절대 발생하지 않는다.

1~2만원 쓸 것을 카드가 있으면 5~10만원 쓰고 음주 시에는 10~20만원 쓰는 꼴이다. 당장 지폐가 안 나가 별다른 생각이 없다. 허나 나중에 카드대금 결제할 때는 속이 쓰리고 나 자신이 원망스럽다. 그땐 늦었다. 평생 죽을 때까지 돈 걱정하며 살고 싶으면 카드를 펑펑 사용하면 된다. 카드값 갚으려 다른 카드로 돌려막고 카드론 쓰고 나중에는 신불자가 된다.

결국 신용카드는 신용을 불량 내지 상실하게 하는 마귀 같은 존재다. 오죽하면 저명한 은행인이 부자 되고 싶으면 첫 번째로 카드 만들지 말라고 했을까! 과소비 오소비 충

동소비의 주범인 카드를 사용하는 한 결코 잘 먹고 잘 살 수 없고 맨날 돈에 쫓겨 사는 힘들고 고달픈 삶이 된다. 지금 당장 모든 신용카드를 불태워 버리자!!!

 누구는 그럴 것이다. 카드 쓰는 사람이 잘 못써서 위와 같이 된 거라고. 맞다. 그러나 처음부터 카드 자체가 없었다면 위와 같은 일이 생겼을까? 아예 근원을 없애버리는 것이 제일 좋은 방법이다.

 이상이 누구나 실천할 수 있고 실천해야만 하는 잘 먹고 잘 살고 부자 되는 법 첫 번째이자 제일 중요한 내용이다.

2. NO Car

 절대 차사지 말라는 말이 아니라 최대한 최대한 늦게 사라는 말이 정확할 것이다. 물론 직업적으로 필요한 사람은 당연히 장만해야 한다. 차량을 주차장에 세워 놓으려 구매하는 사람은 없다. 운행하기 위해 사는 것이다.

 하지만 차는 출고해 나올 때부터 급격히 감가가 된다. 부동산과 주식은 오르는 경우도 많다. 차는 시간이 지나면 지날수록 점점 가격이 내려간다. 그러니 영업적이거나 업무적으로 필요치 않고 단순 레저용이라면 차라리 렌터카나 택시 등을 이용하는 편이 비용이 훨씬 싸다.

　우선 차량 구입 시 차량대금 각종 세금 부대비용 보험료가 들어간다. 매년 자동차세를 납부하고 보험도 가입해야 한다. 매년! 또 기름 값 주차비 톨비 각종 소모품교체비용 고장수리비 재수없으면 각종 교통범칙금 과태료 등등. 새 차를 뽑았으니 드라이브와 외식도 자주 하게 돼 생활비 지출이 급증할 수 있다.

　꼭 차가 필요하면 그때그때 렌터카를 쓰고 짐을 날라야 한다면 택시나 콜밴을 이용하면 된다. 근데 살면서 이런 일이 얼마나 자주 생길까? 생업으로 운전을 하지 않는다면. 결론은 자차운전직이 아니면 택시, 렌터카, 공유차량을 활용하는 것이 엄청 이득이라는 말이다.

3. NO Consume

정확하게는 최대한 소비자제 특히, 외식자제다. No Credit Card, No Car와도 밀접하다. 신용카드와 차가 있으면 경치 좋은 곳 바람쐬고 외식 및 숙박으로 2~30만원 지출은 아무것도 아니다.

물론 열심히 일하고 또 특별한 날 그럴 수 있다. 그럴 때 렌터카를 이용하고 현금으로 소비한다면 비용이 많이 절감된다. 어느 정도 부자가 된 후 인생을 즐길 순 없다. 살다가 중간 중간 휴식과 재충전을 해 줘야 또 열심히 일할 수 있다. 무조건 안 쓰자가 아니라 합리적이고 현명한 소비를 하자는 말이다. 당장 필요하지 않은 것은 사지 말자.

서울 경기권은 전철 등 대중교통이 잘 발달해 있어서 밀리는 차량보다 더 나은 경우가 많다. 가급적 전철을 이용하는 게 건강에도 좋고 가정경제에도 좋다.

이상의 총결론은 이렇다.
신용카드는 목돈이 들어가는 장기 무이자 할부 시에만

만들었다가 바로 없애 버리며 그 외에는 무조건 만들지 말 것!

차는 최대한 사지 말고 전철 버스 등 대중교통을 이용하고 짐이 있거나 드라이브를 하고 싶다면 택시, 렌터카, 콜밴, 공유차량!

최대한 소비 자제! 외식 자제! 부자가 되는 길이 쉽진 않지만 나중에 고단한 삶이 되지 않으려면 현명한 소비를 해야 한다.

날마다 행복

이 세상에서 가장 거룩하고 성스러운…

집에서 걸어서 20분 거리에 성당이 있다. 왕복 40분이니 제법 산책이 된다. 아내와 나는 조금 일찍 도착해 성모님께 인사를 드리고 화장실에 들른 후 성전에 들어간다. 잠시 묵상 뒤 미사가 시작된다. 성가대의 노래와 반주 속에 신부님과 복사들이 입장한다. 가슴이 조금씩 벅차온다. 해설자의 독서, 신부님의 복음 말씀과 강론. 생각이 많고 집중이 안 돼 무슨 말씀을 하셨는지는 잘 몰라도 마음이 조금씩 편해진다. 헌금을 내고 미사의 하이라이트인 영성체. 성체를 모시니 눈물이 난다. 회개 반성 통회 참회 사죄 찬미 영광 흠숭 경배 감사 기원 간구 청원 "하느님 감사합니다. 죄 많은 철부지 어린양을 언제나 이 세상에서 가장 거룩하고 성스러운 이 자리에 초대해 주셔서 무한 감사드립니다." 눈물이 흐를까봐 눈을 감고 지난날을 묵상해 본다. 후회와 통한의 세월. 하지만 개운하다. 다시 희망이 샘솟고 무엇이든지 하고 싶어진다. 이 시간 이 장소 세상에서 가장 최고

이다.

초등학교 때 영세, 중학교 때 견진 받았다. 고1때 대학로에 있는 KYCS(Korea Young Catholic Students, Cell, 가톨릭 학생회) 집행위원 활동, 학생회 부회장으로 출마했다. 낙선 후 고2때 잠깐 사업부장을 맡았다. 그 당시 알게 된 고교1년 선배 전ㅇ준 씨와 동급생 경희고 조ㅇ현 씨는 나중에 사제가 되었다. 나도 한때 사제가 되고 싶었으나 반쪽(?) 인생이 싫고 용기가 나질 않아 포기 했다. 고교 이후 이렇다 할 종교 활동 없이 주일미사와 가끔 평일미사 참례, 세미나 특강 참석 어쩌다 하는 정도다. 하지만 성당 갈 때가 제일 행복하다. 이보다 기쁘고 즐겁고 의미 가치 보람 있는 순간이 있을까!

찬미예수님!!! 형제님 자매님 은총 많이 받으십시오.

나이 먹어 재벌은 돈이 아니라 근육이 많은 사람이다

아침 6~8시 사이에 홀로 일어나 양치, 배변, 물 한 컵, 갑

상선약을 먹는다. 어제의 일정을 회상해 정리하고 가톨릭 매일미사책의 오늘의 독서와 복음말씀을 묵상한다. 그리고 이 책 저 책 약간 끌쩍거린 후 식사준비! 자고 있는 아내를 깨워 둘만을 위한 조식 후 쇠질 작업장 배낭 챙기고. 오늘은 어느 신체 부위를 어떤 종류의 운동으로 조질까를 행복하게 고민한다.

이윽고 2층 헬스장. 여기저기서 쇠질 중이다. 맨날 보는 얼굴이 그 얼굴이다. 아내와 여기 오는 사람들 별명을 개인별로 거의 2글자로 붙였다.

얼굴이 역삼각형이라 '역삼', 검은 바지를 주로 입어 '검바', 안 뚱뚱해서가 아니라 안경 쓴 뚱자라 '안뚱', 기저질환인 당뇨가 있어 '당뇨', 성이 윤 씨라 '윤씨', 여리게 생긴 여자라 '여여', 칼여자가 아니라 위아래 검정옷을 입은 여자라 '검녀', 손을 좌우로 흔들어 '흔들', 여자인데 씩씩해서 '씩녀', 생선이 아니라 세례명이 도미니카라 '도미', 몸매가 야리야리한 여자 둘 '얄상1', '얄상2', 71세라 그냥 '71세', 84세 할머니 '망구', 뚱뚱한 관장 '뚱맨', 관장의 아내(?) 애인(?) 여친(?) 여튼 '관녀', 다리를 앞뒤 좌우로 쩍쩍 벌려 '쩍벌',

버스기사남편 '뼈남', 일본인 아내 '일녀', 머슴분위기 커플 '머슴부부', 얼굴이 찻집여자 같아 '찻집', 키와 몸이 작아 '땅콩', 좀팽이 같은 남자 '쪼다', 마징가얼굴의 남자 '마징가', 남자얼굴을 한 여자 '남상', 개구리같이 팔짝팔짝 뛰는 여자 '깨굴' 등등.

 이것은 그 누구도 모르는 아내와 나만의 암호다. 별명과 당사자를 연결시키면 웃음이 나온다.

 본격적인 몸만들기에 앞서 스트레칭이다. 맨손체조와 기구, 기계로 풀어준다. 매트에 누워 폼롤러와 땅콩볼로 늘 뻐근해하는 목, 어깨, 등, 엉덩이, 가슴을 풀어준다. 長木봉으로 소림사 개폼도 잡아본다. 자, 이제 근육운동. 보통 3분할로 하는데 첫날은 가슴, 삼두, 어깨 둘째 날은 등, 이두, 하체 일부 셋째날은 하체 나머지, 복부. 하체운동이 제일 하기 싫다. 하지만 하체가 전체 근육의 70%를 차지하므로 운동비중을 많이 둬야 한다. 다리가 부실하면 자꾸 넘어져 명을 재촉한다. 오늘은 첫째 날 가슴 40~50% 삼두 10~20% 어깨 30~40% 정도의 배분으로 총 70~90분이다.

고통의 쾌감! 이 시간은 숨이 차고 목이 말라도 땀 흘리며 힘들게 운동할 때라 보람이 있다. 사실 운동할 때 몸이 힘든 것이 아니라 마음이 힘든 것이다. 아내와 헬스 하는 순간은 정말 행복해서 이 세상의 무엇과도 바꾸고 싶지 않다. 샤워할 때의 개운함은 겪어 본 사람만이 안다. 약으로 건강한 것 보다는 음식이 낫고 제일 좋은 것은 운동이다. 약은 마지막으로 어쩔 수 없을 때 쓰는 것이다. 옷을 갈아 입고 집에 올 때 '아, 오늘 하루도 헛살지는 않았구나!' 자신감과 의욕이 솟구친다.

得根 하십시오. 쇠질러 여러분!!!

신선한 산소를 무한대로 마시며 건강한 흙을 밟는다

집에서 15분 쯤 가면 서울둘레길과 연결돼 있는 수락산이다. 집근처에 이렇게 나무, 풀, 꽃이 많고 공기가 청명하며 걷기 좋은 곳이 있다는 것이 너무 감사하고 기쁠 따름이다.

머리가 맑아지고 내장이 편해진다. 나의 두 주치의인 왼쪽다리와 오른쪽다리도 신이 난다. 오르막에선 아내의 손을 잡아주며 어영차! 어느덧 사방으로 전망이 트인 수락보루다. 이 야호! 날아갈 것 같다.

신선한 산소를 무한대로 마시며 흙의 기운을 받는다. 햇볕도 쪼이며 비타민D를 보충하고 시원한 바람도 느낀다. 땀을 흘렸으니 가져온 생수가 감로수보다 더 꿀맛이다.

웬만한 병은 좋은 공기를 마시며 걸으면 다 낫는다. 오죽하면 '누우면 죽고 걸으면 산다'라는 책도 있지 않는가! 우리 주변에는 여기저기 걷기 좋은 곳이 많다. 다음으로 미루지 말고 지금 당장 걸어라!

All walkers! Live a long life!

나의 영원한 스승이고 친구이고 하느님 다음으로 나의 모든 것

나는 도서관이 지척인 도세권에 살고 있다. library가 도서관이니 라세권이다. 거실 소파에 앉으면 오른쪽에 보이는 지하1층 지상4층 회백색 건물이다. 마음이 뿌듯하고 든든하다.

과거에는 주로 칸막이가 있는 열람실에서 시험공부를 했다. 지금은 이 책 저 책 살펴보고 구상 및 집필을 위해 간다. 1인용 푹신한 의자나 불암산이 보이는 창가에 있으면 차분해진다.

옛 성현들의 지혜를 만날 수 있는 보물과도 같은 곳!
그 분들을 직접 뵙고 담소나 차와 밥술을 나눌 수는 없어도 동서고금 최고 정신을 맘껏 누릴 수 있는… 나는 오늘도 세상 최고를 즐기러 간다.

모든 도서관 이용자분들! 행복하세요!

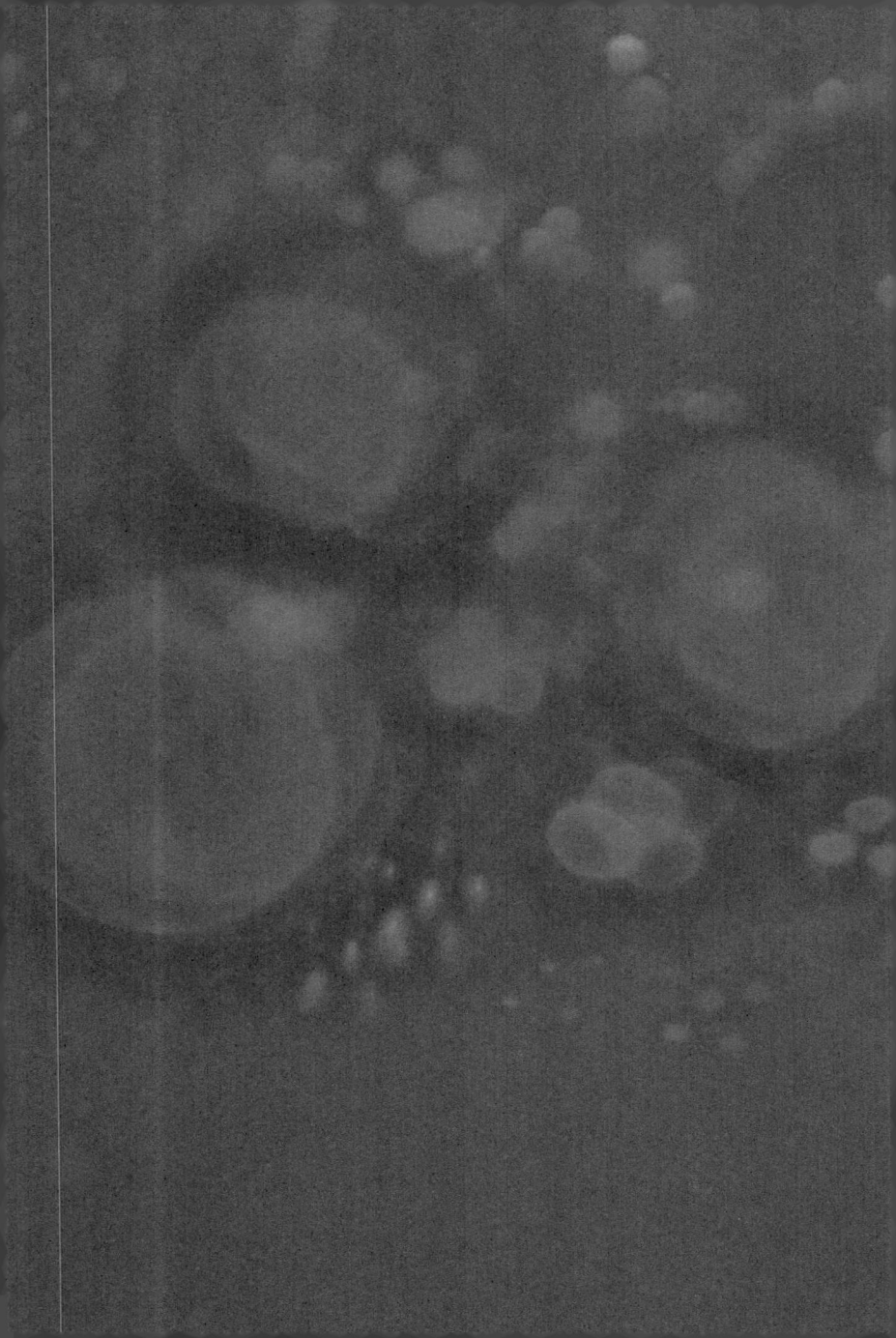